나의 첫 번째
바다 생물 이야기

어린이를 위한 해양동물의 모든 것

진저 L. 클라크 지음 박은진 옮김

미래주니어

나의 첫 번째
바다 생물 이야기

어린이를 위한 해양동물의 모든 것

초판 1쇄 인쇄 2023년 7월 17일
초판 1쇄 발행 2023년 7월 21일

지음 진저 L. 클라크 | **옮김** 박은진 | **펴낸이** 박수길
펴낸곳 (주)도서출판 미래지식 | **편집** 김아롬 | **디자인** design ko
주소 경기도 고양시 덕양구 통일로 140 삼송테크노밸리 A동 3층 333호
전화 02)389-0152 | **팩스** 02)389-0156
홈페이지 www.miraejisig.co.kr
전자우편 miraejisig@naver.com
등록번호 제 2018-000205호

* 이 책의 판권은 미래지식에 있습니다.
* 값은 표지 뒷면에 표기되어 있습니다.
* 잘못된 책은 구입하신 서점에서 바꾸어 드립니다.

ISBN 979-11-91349-82-5 74440
ISBN 979-11-91349-72-6 (세트)

* 미래주니어는 미래지식의 어린이책 브랜드입니다.

MY FIRST BOOK OF OCEAN ANIMALS: All About Marine Wildlife for Kids by Ginger L. Clarke
Copyright © 2021 by Rockridge Press, Emeryville, California
Cover photography: © sans_patrie/istock
Interior Photography: Alamy Stock Photo: p.5: © Image Professionals GmbH, p.48: © Stephen Frink Collection, p.57: © Alexey Stiop; istock by Getty Images: iv: deliormanli, p.2: © Andrew Stowe, p.3: © posteriori, p.6: © ultramarinfoto, p.8: © gremlin, p.11: © Gerald Corsi, p.13: © tswinner, p.14: © Vanhop, p.16: © slowmotiongli, p.19: © burroblando, p.21: © thirtydry, p.22: © slowmotiongli, p.24: © Grafissimo, p.35: © crisod, p.37: © marcduf, p.38: © atese, p.39: © Joe Belanger, p.41: © Rainer von Brandis, p.51: © IBorisoff, p.52: © ltos, p.63: © sans_patrie; shutterstock: p.26: © Keiki, p.29: © cbpix, p.31: © Krzysztof Odziomek, p.32: © Dotted Yeti, p.33: © Alex Rush, p.43: © Yann Hubert, p.45: © Natursports, p.47: © Gino Santa Maria, p.53: © Francisco J. Ramos Gallego, p.54: © John A. Anderson, p.59: © Antonio Martin, p.61: © Naoto Shinkai (copyright page)
Author photo courtesy of Jess Lucia Photography
First Published in English by Rockridge Press, an imprint of Callisto Media, Inc.
All rights reserved.

This Korean edition was published by Miraejisig publishing company in 2023 by arrangement with Callisto Media Inc. through KCC(Korea Copyright Center Inc.), Seoul.

이 책은 (주)한국저작권센터(KCC)를 통한 저작권자와의 독점계약으로 미래지식에서 출간되었습니다.
저작권법에 의해 한국 내에서 보호를 받는 저작물이므로 무단전재와 복제를 금합니다.

바다에서 살아 숨쉬는
모든 생명을 사랑하고 아끼는
호기심 가득한 어린이를 위해

지구

바다 The Ocean

지구는 푸른 행성이라고 불려요. 지구가 짠맛이 나는 푸른 바닷물로 덮여 있어서 이런 별명을 얻었어요. 이렇게 지구의 대부분을 차지하는 넓고 깊은 큰 바다를 **해양**이라고 해요. 태평양, 대서양, 인도양, 남극해, 북극해를 통틀어 이르는 말이지요.

하지만 바다는 물로만 이루어져 있지 않아요. 바닷속에는 해저산맥, 해초대, **켈프 숲**, **산호초** 등이 있어요. 바닷속 매우 깊은 곳은 햇빛이 들지 않아 온통 깜깜한 어둠뿐이에요!

바닷물의 표면은 햇빛이 닿아 따뜻하지만, 물속으로 깊이 내려갈수록 점점 차가워져요. 바다 곳곳에는 수많은 생물이 살고 있답니다.

켈프 숲

빙하

바다 동물 Animals of the Sea

바다 동물은 주로 바닷속에 살아요. 어떤 동물들은 바닷가에서 살고, 어떤 동물들은 **먼바다**에 살고, 또 어떤 동물들은 바다 밑바닥에 산답니다. 바다 동물은 잠수하고, 헤엄치고, 텀벙거리고, 몸을 홱 뒤집고, 물 위에 둥둥 떠서 전 세계 바다를 누비고 다니지요.

황제펭귄과 바다표범

산호초 옆을 지나는 돌고래

바다는 아주 작은 **플랑크톤**부터 거대한 고래까지 100만 **종**이 넘는 동물들이 사는 삶의 터전이에요. 이 책에는 놀랍고도 신기한 동물들이 잔뜩 등장해요. 바다에 사는 동물에는 해양 **포유류**, 해양 **파충류**, 해양 **무척추동물**, **바닷물고기**, **바닷새**가 있어요.

대왕고래

고래 Whales

고래는 새끼를 낳아 젖을 먹여 키우는 해양 포유류예요. 인간처럼 늘 일정하게 따뜻한 체온이 유지되는 **온혈 동물**이지요. 고래는 머리 꼭대기에 뚫려 있는 분수공이라는 숨구멍을 통해 숨을 쉬어요. 또한 거대한 몸집을 자랑하지만, 덩치에 어울리지 않게 아주 작은 먹이만 먹는답니다.

몸 크기가 어마어마하기로 손꼽히는 고래들은 입안에 이빨은 없이 **수염**만 나 있어요. 이 수염고래들은 큼지막한 입을 부풀려 크게 벌리고 물을 한입 가득 퍼 올려요. 그런 다음 머금었던 물은 내뿜고 수염에 걸린 엄청난 양의 **크릴새우**는 꿀꺽 삼킨답니다.

'흰긴수염고래'라고도 불리는 대왕고래는 세상에서 몸집이 가장 큰 동물이에요. 몸길이가 무려 기다란 대형 화물트럭 두 대를 이어 놓은 것과 비슷하답니다!

어떤 고래들은 물속에서 놀라운 기술을 선보이기도 해요. 대왕고래는 꼬리를 공중으로 치켜 올려 물보라를 일으키며 깊이 잠수하지요. 쇠고래는 몸을 똑바로 세워 위아래로 헤엄치며 물 밖으로 머리를 불쑥 내밀어요. 혹등고래는 물 위로 솟구쳐 올라 등을 활처럼 구부리면서 물속으로 들어가는 재주를 부린답니다.

> 고래는 서로 대화를 나눌 수 있어요. 물속에서 끽끽거리거나 웅웅거리고, 끙끙거리는 소리를 내지요. 수컷 혹등고래는 노래도 부르는데, 낑낑 앓거나 울부짖는 소리처럼 들린답니다.

- **분류** : 해양 포유류
- **서식지** : 먼바다, 앞바다
- **분포** : 모든 바다
- **먹이** : 크릴새우, 플랑크톤, 새우, 물고기
- **수명** : 최대 200년
- **크기** : 길이 2.7~30미터, 무게 136킬로그램~190톤

쇠고래

돌고래 Dolphins

돌고래는 이빨이 있는 작은 고래예요. 부리 모양의 입은 많은 물고기를 빠르고 손쉽게 잡아먹기에 알맞아요. 쇠돌고래는 돌고래의 사촌이지만 부리가 없어요. 잔혹한 '킬러 고래'인 범고래도 돌고래에 속한답니다. 민무늬, 줄무늬, 점무늬 등 갖가지 무늬의 돌고래가 있으며, 색깔도 여러 가지예요.

돌고래는 대부분 같은 종끼리 큰 **무리**를 이루며 생활해요. 물살을 가르며 빠른 속도로 헤엄치고, 장난치며 노는 것을 아주 좋아한답니다! 큰돌고래는 물 밖으로 풀쩍 뛰어올라 몸을 홱 뒤집거나 파도타기를 하는 재주꾼이에요.

분류 : 해양 포유류
서식지 : 먼바다, 앞바다
분포 : 모든 바다
먹이 : 물고기, 오징어, 게, 조개, 불가사리
수명 : 최대 60년
크기 : 길이 1.2~10미터, 무게 45~5,440킬로그램

점박이돌고래

쇠돌고래

돌고래는 매우 똑똑한 동물로 손꼽혀요. 호기심이 많고 사회성도 좋지요. 다른 고래처럼 돌고래도 딸깍 소리와 휘파람 소리를 내면서 서로 대화를 나눈답니다.

> 돌고래는 사람과 다르게 완전히 잠들지 않아요. 물속에서 헤엄치는 동안 계속 숨을 쉬어야 해서 반쯤은 깨어 있는 상태예요. 항상 한쪽 눈은 뜨고 잠을 잔답니다!

분류 : 해양 포유류
서식지 : 바닷가, 바위, 빙하
분포 : 모든 바다
먹이 : 물고기, 게, 문어, 오징어, 크릴새우
수명 : 최대 30년
크기 : 길이 1.2~6미터, 무게 50~5,000킬로그램

바다사자

바다표범과 바다사자 Seals and Sea Lions

바다표범은 미끈하게 잘 빠진 몸으로 헤엄을 잘 쳐요. 차가운 물 속에서 물고기를 찾아 지느러미 모양의 앞발과 뒷발을 움직여 쏜살같이 이동하지요.

　바다사자는 생김새가 바다표범과 비슷하지만, 귓구멍만 있는 바다표범과 달리 겉으로 튀어나온 귓바퀴가 있어요. 또한 바다사자는 지느러미발을 모두 앞쪽으로 굽힐 수 있어서 땅 위를 네 발로 걷는답니다.

바다표범 가운데 몸집이 작은 편인 하프바다표범은 다 자라면 등에 하프 무늬가 생겨요. 레오파드바다표범은 체구가 크고 날카로운 이빨이 있어요. 수컷 코끼리바다표범은 덩치가 큰 데다 코도 울퉁불퉁 커다랗지요.

캘리포니아바다사자는 많게는 천 마리까지 함께 모여 사는데, 바다사자들은 개처럼 크게 짖어대는 특성이 있기 때문에 엄청 시끄럽답니다!

> 바다표범, 바다사자, 바다코끼리는 '지느러미발'이라는 뜻을 가진 기각류에 속하는 동물이에요. 지느러미발로 땅에서 걷기 때문에 이런 이름이 붙었답니다.

바다표범

바다코끼리 Walruses

바다코끼리는 바다표범, 바다사자와 생긴 모습이 비슷하지만 덩치가 훨씬 어마어마해요! 피부는 쭈글쭈글 주름져 있고, 입가에는 뻣뻣한 수염이 가득 나 있으며, 코끼리 상아처럼 한 쌍의 엄니가 길게 뻗어 있지요. 수컷 바다코끼리의 엄니는 최대 91센티미터까지 자라나요.

바다코끼리는 엄니로 다른 바다코끼리와 싸움을 하거나 바다 밑바닥을 파헤쳐 먹이를 찾아요. 또한 미끄러운 얼음 위에서 엄니를 지팡이 삼아 이동한답니다!

> 바다코끼리는 큰 무리를 이루고 살아요. 서로 다닥다닥 붙은 채 몸을 포개고 수북이 쌓여 지내는데, 이는 추운 환경에서 서로의 체온을 나누기 위해서랍니다.

분류 : 해양 포유류
서식지 : 바닷가, 바위, 빙하
분포지 : 북극, 북대서양, 북태평양
먹이 : 벌레, 조개, 달팽이, 새우, 작은 물고기
수명 : 약 40년
크기 : 길이 최대 3.7미터, 무게 최대 2,000킬로그램

바다코끼리

쇠푸른펭귄

펭귄 Penguins

펭귄은 바닷새이지만 하늘을 전혀 날지 못해요. 그 대신 물속을 날아요! 지느러미발처럼 생긴 날개로 날쌘 수영 솜씨를 뽐내지요. 또 바위 위를 뒤뚱거리며 걷고, 얼음 위를 미끄러지듯 이동해요. 추운 곳에 사는 펭귄은 매서운 추위를 견디기 위해 한데 모여 생활해요. 무리의 안쪽에서 몸을 녹인 펭귄과 바깥쪽에서 추위에 떨던 펭귄이 차례로 자리를 바꾸는 방법으로 모든 펭귄이 체온을 따뜻하게 유지한답니다.

분류 : 바닷새
서식지 : 바닷가, 섬, 바위, 빙하
분포지 : 남극 대륙을 에워싼 모든 바다
먹이 : 크릴새우, 물고기, 오징어
수명 : 최대 30년
크기 : 키 40~106센티미터, 무게 0.9~37킬로그램

황제펭귄

펭귄도 다른 새들처럼 알을 낳으며, 부모 펭귄이 번갈아 가며 알을 품어요. 그리고 솜털이 보송보송한 새끼 펭귄이 알을 깨고 나오면 먹이를 주지요. 펭귄 중에서 몸집이 가장 작은 펭귄은 쇠푸른펭귄이고, 몸집이 가장 큰 펭귄은 황제펭귄이에요. 마카로니펭귄은 머리에 노란 깃털이 삐죽삐죽 달려 있답니다!

아델리펭귄은 분홍색 크릴새우를 아주 많이 먹어요. 어찌나 많이 먹는지 똥 색깔도 분홍색이랍니다! 아델리펭귄이 사는 바위는 똥 때문에 온통 분홍빛으로 물들어 있어요.

물고기 떼

바닷물고기 Marine Fish

물속에 사는 물고기는 **아가미**로 숨을 쉬어요. 몸은 비늘로 덮여 있고, 지느러미로 헤엄쳐요. 커다란 물고기는 혼자 헤엄쳐 다니면서 조그만 물고기를 사냥하지요.

엄청난 속도로 헤엄치는 황새치는 길쭉한 부리로 오징어를 푹 찔러요. 개복치는 세상에서 가장 무거운 물고기예요. 무게가 자그마치 1톤이나 나간답니다!

작은 물고기들은 안전을 위해 거대한 크기로 **떼**를 지어 헤엄쳐요. 무리를 이루면 눈에 더 쉽게 띄겠지만 걱정할 필요는 없어요. 작은 물고기들은 감쪽같이 몸을 숨기는 것도 잘한답니다! 화려한 빛깔을 자랑하는 흰동가리는 말미잘 속으로 잘 숨어들어요. 나뭇잎해룡은 켈프에 달라붙어 주변 환경에 섞여 들지요.

> 세상에서 가장 긴 물고기는 거대 산갈치예요. 다 자라면 몸길이가 무려 15미터가 넘어요. 뱀을 떠올리게 하는 기다란 은빛 몸통에, 갈기처럼 너풀대는 붉은 지느러미가 촘촘하게 돋아 있는 모습이 실제로 바다 괴물처럼 보인답니다!

분류 : 물고기
서식지 : 깊고 먼바다, 앞바다, 산호초
분포지 : 모든 바다
먹이 : 식물, 벌레, 해양 무척추동물, 다른 물고기
수명 : 최대 150년
크기 : 길이가 3센티미터도 안 되는 것부터 30미터가 넘는 것, 무게가 30그램도 안 되는 것부터 1,800킬로그램이 넘는 것

흰동가리와 말미잘

상어 Sharks

상어는 세상에서 덩치가 가장 큰 물고기이지만, 단단한 뼈가 없어요. 상어의 골격은 귀에 있는 뼈처럼 잘 구부러지고 물렁물렁한 **연골**로 이루어져 있지요.

지구에서 몸집이 가장 거대한 상어는 고래상어예요. 몸길이가 대형버스보다 길답니다! 하지만 이빨이 거의 없어 아주 작은 생물만 먹지요.

상어는 그 종류만 수백 가지예요. 어린 뱀상어는 호랑이처럼 몸에 검은 줄무늬가 있어요. 귀상어는 망치같이 생긴 머리 양쪽 끝에 눈이 달려 있지요. 쿠키커터상어는 상어치고는 자그마한 몸집으로, **먹잇감**의 살점을 쿠키커터로 찍어내듯 한입 크기로 동그랗게 물어뜯는답니다!

분류 : 물고기
서식지 : 먼바다, 앞바다, 산호초
분포 : 모든 바다
먹이 : 플랑크톤, 물고기, 오징어, 게, 해양 포유류
수명 : 최대 70년
크기 : 길이 15센티미터~10미터, 무게 0.9킬로그램~19톤

고래상어

그린란드상어는 차디찬 북극해에서 사는 유일한 상어예요. 과학자들에 따르면 이 상어가 많게는 오백 살까지 산다고 해요!

그린란드상어

귀상어

가오리 Rays

가오리는 커다란 날개 같은 지느러미를 펄럭이면서 헤엄치는 납작한 물고기예요. 때로는 모래 속에 숨어 있기도 하지요. 어떤 가오리는 꼬리에 날카로운 가시가 달려 있기도 해요.

　꽁지가오리는 겉보기에는 아름답지만, 꼬리에 독침이 있어 매우 위험하지요. 덩치가 거대한 만타가오리는 생김새가 무시무시하지만, 사람에게 해를 끼치지 않아요. 전기가오리는 몸집은 작지만, 전기를 일으켜 엄청난 충격을 준답니다!

분류 : 물고기
서식지 : 먼바다, 앞바다, 바다 밑바닥
분포 : 모든 바다
먹이 : 플랑크톤, 해양 무척추동물, 물고기
수명 : 최대 50년
크기 : 길이 10센티미터~7미터, 무게 450그램~1,590킬로그램

만타가오리

장어 Eels

장어는 뱀처럼 몸이 가늘고 긴 물고기예요. 비늘이 없고 피부가 굉장히 끈적끈적하지요. 뱀장어목에 속하는 곰치는 사는 환경에 따라 온갖 빛깔을 띠는데, 줄무늬나 점무늬가 있기도 해요. 곰치는 바위틈에 비집고 들어가 머리만 빼꼼 내민 채 꼭꼭 숨어 있다가 먹잇감을 발견하면 순식간에 튀어나와 덥석 물어버린답니다. 아휴, 깜짝이야!

분류 : 물고기
서식지 : 깊고 먼바다, 산호초
분포 : 따뜻한 바다
먹이 : 게, 물고기, 해양 무척추동물
수명 : 최대 55년
크기 : 길이 30~335센티미터, 무게 900그램~25킬로그램

곰치

줄무늬가 있는 곰치

점무늬가 있는 곰치

바다거북 Sea Turtles

다른 파충류와 마찬가지로, 해양 파충류도 바깥 온도에 따라 체온이 변하는 **냉혈 동물**이에요. 바다거북은 해양 파충류라서 몸을 따뜻하게 하려면 햇볕을 쬐어야 하지요. 바다거북은 대부분 딱딱한 등딱지가 등을 덮고 있어요. 이와 달리, 거북 중에 크기가 가장 큰 장수거북은 등딱지가 부드럽고 말랑말랑해요.

푸른바다거북은 헤엄을 잘 치지만 속도가 느려요. 매부리바다거북은 부리가 갈고리처럼 구부러져 있고 끝이 뾰족하답니다.

매부리바다거북

바다거북은 바다에서만 살지만, 암컷 거북이 알을 낳을 때가 되면 밤에 육지로 올라와 알을 낳아요. 한 둥지에 수백 개의 알을 낳고 다시 바다로 돌아가지요. 조그만 아기 거북들이 알을 깨고 나오면 곧바로 해변을 가로질러서 꼬물꼬물 부지런히 바다로 기어간답니다.

장수거북은 전 세계 바다를 누비고 다녀요. 수천 킬로미터나 멀리 떨어진 곳까지 헤엄쳐 이동한 기록이 있답니다!

분류 : 해양 파충류
서식지 : 먼바다, 바닷가, 산호초
분포 : 북극해와 남극해를 제외한 모든 바다
먹이 : 해파리, 해양 무척추동물, 게, 해초
수명 : 최대 50년
크기 : 길이 60~215센티미터, 무게 45~900킬로그램

매부리바다거북

바다이구아나 Marine Iguanas

도마뱀 가운데 유일하게 바다에 사는 도마뱀이 있어요. 바로 바다이구아나예요! 바다이구아나는 끈적거리는 **해조류**만 먹고 살아요.

물속 깊이 잠수해 들어가 강력한 턱으로 바위에 붙은 해조류를 뜯어 먹지요. 그런 다음, 차가워진 몸을 따뜻하게 데우기 위해 물 밖으로 나와 햇볕이 쨍쨍 내리쬐는 바위 위로 올라간답니다.

분류 : 해양 파충류
서식지 : 바위, 바닷가
분포 : 태평양 갈라파고스섬
먹이 : 해조류
수명 : 최대 12년
크기 : 길이 1.2~1.5미터, 무게 0.5~1.4킬로그램

바다이구아나

해파리 Jellyfish

해파리는 물고기가 아니라 등뼈가 없는 무척추동물이에요. 뼈도 없고, 피도 없고, 뇌도 없지요. 오직 상자해파리에만 눈이 있답니다.

  해파리는 크기가 매우 다양해요. 상자해파리 종류 중에 손톱보다 작은 해파리도 있어요. 노무라입깃해파리는 덩치가 어마어마하게 커요! 무게가 수컷 사자와 맞먹을 정도랍니다.

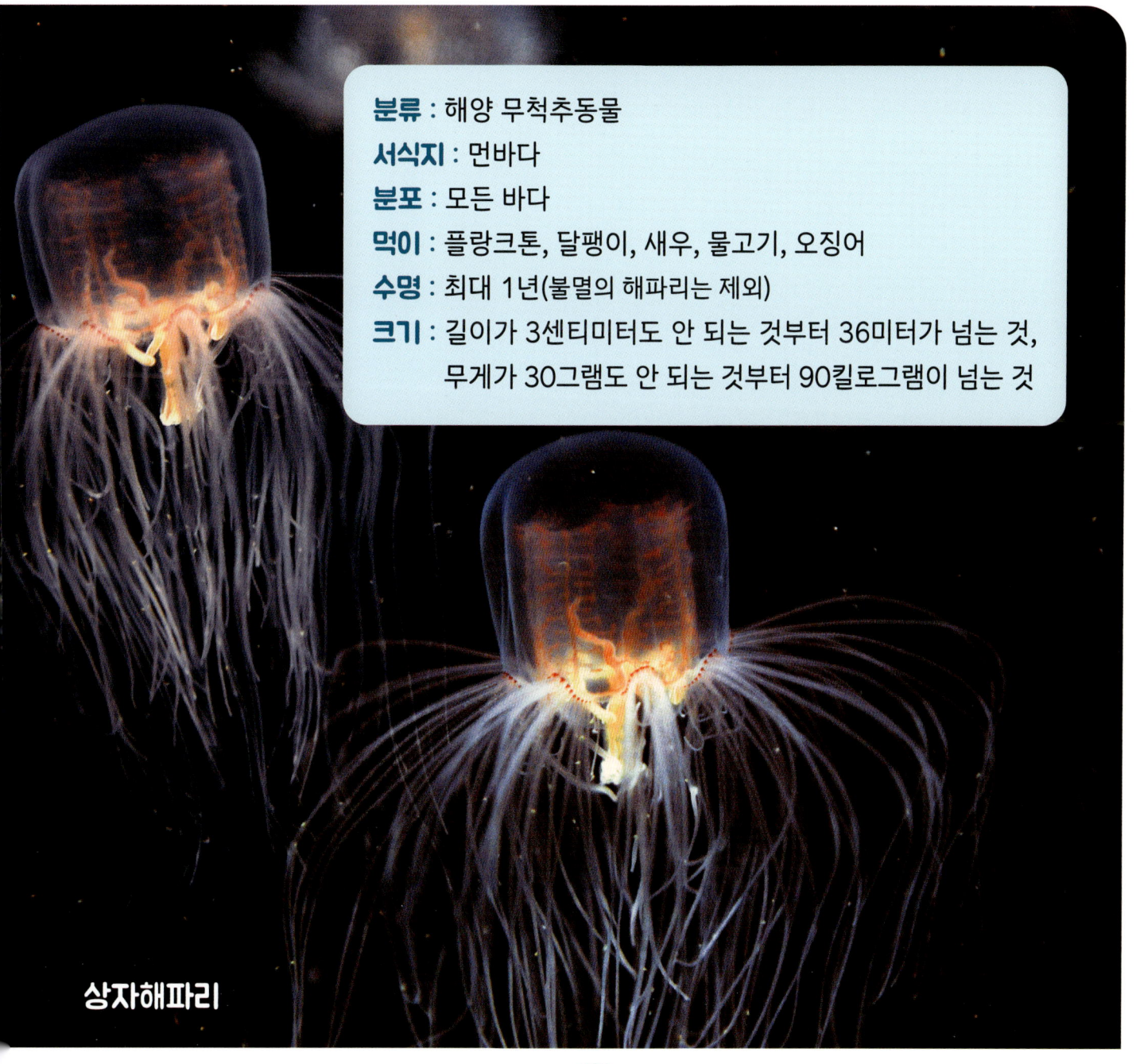

분류 : 해양 무척추동물
서식지 : 먼바다
분포 : 모든 바다
먹이 : 플랑크톤, 달팽이, 새우, 물고기, 오징어
수명 : 최대 1년(불멸의 해파리는 제외)
크기 : 길이가 3센티미터도 안 되는 것부터 36미터가 넘는 것, 무게가 30그램도 안 되는 것부터 90킬로그램이 넘는 것

상자해파리

고깔해파리

해파리는 거의 물로 이루어져 있고, 물이 있어야 살아갈 수 있어요. 많은 해파리가 독침을 쏘는 **촉수**를 가지고 있지요. 이 촉수를 사용해 먹이를 잡거나 거북과 물고기 같은 **포식자**로부터 자신을 보호해요.

고깔해파리는 바다 표면에 둥둥 떠다니며 살아요. 반면에 수많은 해파리가 깊은 바닷속에 살지요. 어두컴컴한 바다 밑바닥에 사는 해파리들은 다른 생물과 의사소통하기 위해 스스로 빛을 낸답니다.

불멸이란 "죽지 않고 영원히 산다"라는 뜻이에요. 불멸의 해파리는 어른이 되면 끊임없이 아기로 되돌아가는 유일한 동물이에요. 물론 다른 동물에게 잡아먹히기도 하지만 절대로 나이가 들어 죽는 일은 없답니다!

산호 Coral

산호초는 마치 알록달록한 빛깔을 내는 바위처럼 보이지만, 실제로는 작은 촉수가 달린 생물이에요. 세계 최대의 산호초는 호주에 있는 그레이트 배리어 리프예요. 어찌나 거대한지 우주에서도 보인답니다! 산호는 사슴뿔, 연필, 별, 부채, 버섯, 뇌 등 다채로운 모습을 띠고 있어요.

분류 : 해양 무척추동물
서식지 : 산호초, 깊고 먼바다
분포 : 모든 바다(그러나 따뜻한 바닷속 산호초에서만 발견됨)
먹이 : 해조류, 플랑크톤
수명 : 최대 4,000년
크기 : 최대 13센티미터(산호초의 길이는 수 킬로미터에 이를 수 있음)

산호초

산호초

뇌산호

분류 : 해양 무척추동물
서식지 : 앞바다, 바위, 먼바다
분포 : 모든 바다
먹이 : 해양 무척추동물, 해초, 해조류
수명 : 최대 100년
크기 : 길이 2.5센티미터~3.7미터, 무게 30그램~20킬로그램

크리스마스섬붉은게

게 Crabs

게는 바닷가재, 새우와 함께 **갑각류**에 속해요. 단단한 껍데기가 몸을 덮고 있고 날카로운 집게발이 있어요. 게는 크리스마스섬붉은게와 미국푸른꽃게처럼 다양한 빛깔을 띠는 것도 있지요. 크기도 여러 가지예요. 화살게처럼 아주 조그만 것도 있고, 키다리게처럼 다리 길이가 각각 1.5미터가 넘는 커다란 것도 있답니다!

소라게처럼 자신의 껍데기를 바꿀 수 있는 게들도 있어요. 색깔이 화려한 소라게는 껍데기가 없어서 비어 있는 달팽이 껍데기 안에 몸을 쏙 집어넣지요. 긴집게발게는 눈에 띄지 않도록 잘 숨는 게들이에요. 긴집게발게는 해초, 해면, 돌멩이로 자신의 껍데기와 다리를 덮어 위장해요. 언뜻 산호초 같아 보여서 아무도 못 찾는답니다!

> 게는 앞뒤로 걸을 수 있지만 주로 옆으로 걷거나 뛰어요. 게는 '다리가 열 개'라는 뜻인 십각류예요. 다리가 여덟 개 있고, 커다란 집게발이 두 개 있기 때문이지요.

소라게

문어 Octopuses

문어는 다리가 여덟 개이며 무언가를 꽉 붙들 수 있는 빨판이 다리에 잔뜩 달려 있어요. 문어는 포식자가 나타나면 먹물을 내뿜어요. 몸을 뒤로 움직이면서 빠르게 헤엄치고, 몸 색깔이나 형태를 주변 환경과 비슷하게 바꿀 수도 있답니다.

　문어는 어두워도 볼 수 있고, 뇌의 크기가 제법 크지요. 새처럼 부리가 있는데 부리는 머릿속에 들어 있답니다!

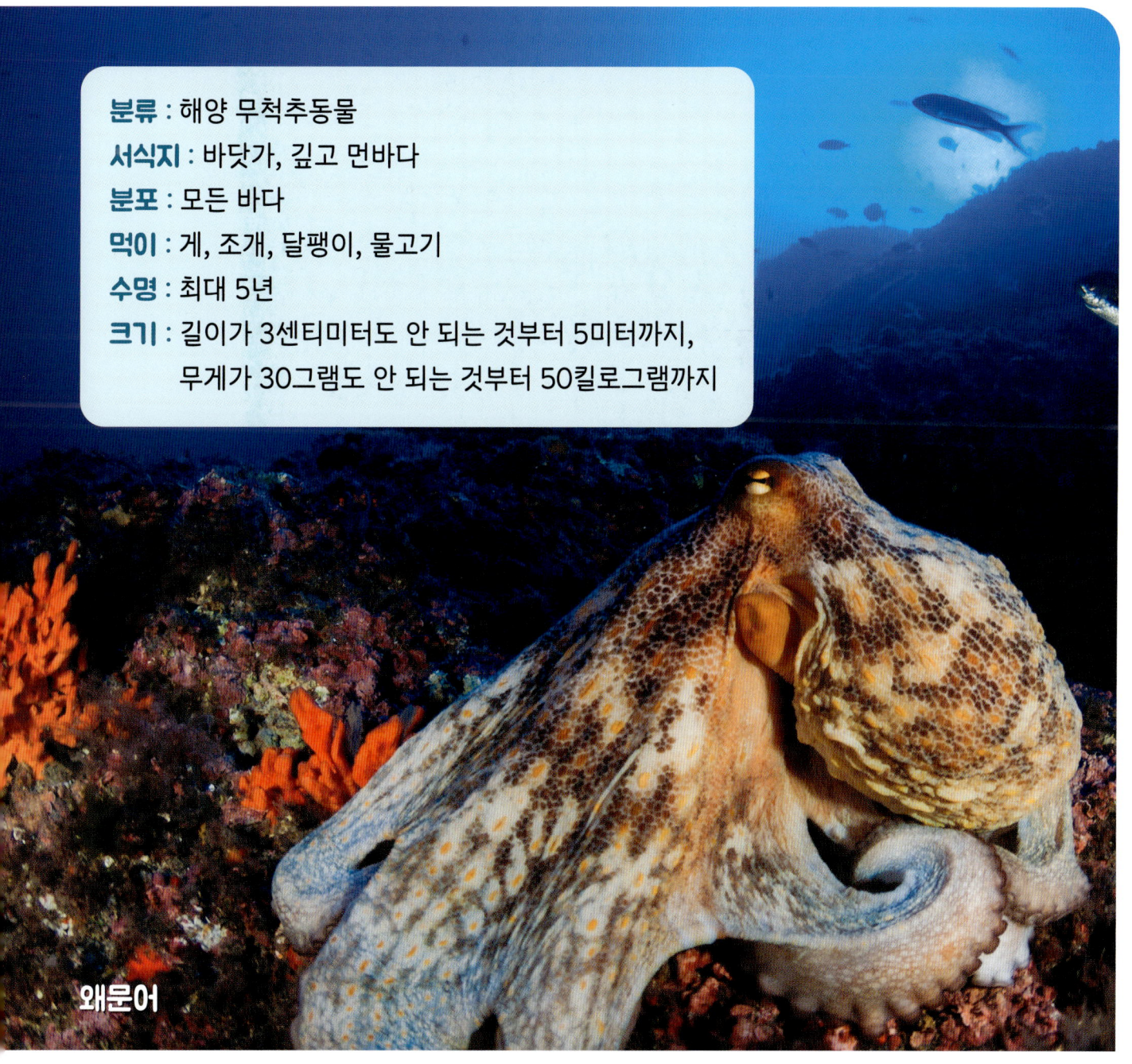

분류 : 해양 무척추동물
서식지 : 바닷가, 깊고 먼바다
분포 : 모든 바다
먹이 : 게, 조개, 달팽이, 물고기
수명 : 최대 5년
크기 : 길이가 3센티미터도 안 되는 것부터 5미터까지,
　　　무게가 30그램도 안 되는 것부터 50킬로그램까지

왜문어

태평양대왕문어가 다리를 쭉 뻗으면 길이가 5미터나 돼요. 다리 하나의 길이만 해도 기린의 키와 비슷하답니다. 푸른고리문어는 크기는 작지만 무시무시한 독이 있어요. 푸른고리문어를 밟았다간 사람이든 동물이든 독이 있는 이빨에 물려 죽을 수도 있어요!

> 태평양대왕문어는 세 개의 심장과 아홉 개의 뇌, 푸른 피를 가지고 있어요!

태평양대왕문어

우리가 지켜야 할 바다

과학자들은 여전히 놀라움과 새로움이 가득한 바다를 계속해서 연구하고 있어요. 지구가 변화하고 있고, 바닷물이 갈수록 따뜻해지는 것과 같은 변화는 바다 동물에게 문제를 일으킬 수 있지요.

우리가 바다 동물은 아니지만, 바다에서 일어나는 일은 인간의 삶에도 엄청나게 큰 영향을 끼쳐요. 그러니 우리는 바다와 바다 동물에 관심을 기울이고 돌보며 바다를 지켜내기 위해 노력해야 해요. 이것을 **해양 보호**라고 한답니다.

가시복

갑각류 : 게, 바닷가재, 새우 같은 해양 무척추동물

고래 수염 : 이빨이 없는 고래가 먹이를 걸러내고 물을 내뿜는 데 사용하는 뻣뻣한 털

냉혈 동물 : 바깥 온도에 따라 체온이 변하는 동물

먹잇감 : 다른 동물에게 잡아먹히는 동물

먼바다 : 육지에서 멀리 떨어진 바다

바닷물고기 : 바닷속에 사는 척추 동물로, 아가미와 지느러미가 있는 냉혈동물

바닷새 : 바다에 터전을 잡고 사는 새

산호초 : 얕은 바다에 산호의 유해로 이루어진 암초

아가미 : 물고기가 물속에서 숨을 쉴 때 사용하는 폐와 비슷한 기관

연골 : 딱딱한 뼈와 다르게 부드럽고 말랑하며 잘 구부러지는 뼈로, 일부 포유류와 물고기의 몸을 이루고 있는 물렁뼈

온혈 동물 : 바깥 기온과 상관없이 체온이 일정하게 유지되는 동물

종 : 서로 관련 있고 비슷한 동물이나 식물의 무리

척추 동물 : 등뼈가 있는 동물

촉수 : 주변 사물을 잡거나 옮기거나 감지하는 데 사용하는 길고 가느다란 팔다리

켈프 숲 : 바다 밑바닥에서 바다 표면까지 끈 모양으로 길게 자라는 갈색 해조류인 켈프가 빽빽이 자라 넓은 지역에 숲을 이룬 곳

크릴새우 : 새우와 비슷하게 생긴 아주 작은 생물

파충류 : 몸이 비늘로 덮여 있고 육지에 알을 낳는 냉혈 척추 동물

포식자 : 다른 동물을 사냥하고 죽여서 잡아먹는 동물

포유류 : 몸에 털이 있고 새끼를 낳아 젖을 먹여 기르는 온혈 척추 동물

플랑크톤 : 물에 떠다니는 아주 작은 생물

해양 : 넓고 깊은 큰 바다

해양 보호 : 바다 환경에 관심을 기울여 잘 지키고 보살핌

해조류 : 바다에서 나는 식물

지은이

진저 L. 클라크 Ginjer L. Clarke

동물에 관한 어린이 책을 30권 넘게 쓴 작가예요. 근사한 과학적 주제를 탐구하거나 편안한 옷을 입고 글쓰기를 좋아해요. 학교, 도서관 등에서 자신이 쓴 책에 대해 강연하고 북 콘서트를 열어 독자와 소통하는 것도 좋아하지요. 독서나 글쓰기를 하지 않을 때는 음악을 즐기거나 하이킹 혹은 카약킹을 한답니다. 작가에 대해 더 알고 싶으면 'GinjerClarkeBooks.com'을 방문해 보세요.

옮긴이

박은진

부산대학교에서 심리학과 불문학을 공부했어요. 오랜 기간 입시 영어를 가르치다가 글밥 아카데미를 수료하고, 현재 바른번역 소속 번역가로 활동하고 있어요. 옮긴 책으로는 《나의 첫 번째 지구 이야기》, 《나의 첫 번째 공룡 이야기》, 《로드마크》, 《내가 글이 된다면》 등이 있어요.

나의 첫 번째 과학 이야기

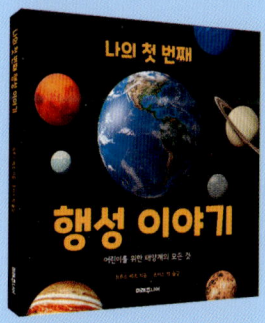

나의 첫 번째 행성 이야기

태양계 각 행성의 특징과 크기, 태양까지 거리, 표면의 모습 주변을 도는 달의 수까지 신비로운 우주의 모습을 관찰할 수 있다.

브루스 베츠 지음 | 조이스 박 옮김 | 72쪽

나의 첫 번째 지구 이야기

우주에서 바라보는 지구의 모습을 관찰하고, 지구의 내부와 표면에 나타나는 여러 현상을 통해 경이로운 자연의 신비를 엿본다.

스테파니 만카 쉬틀러 지음 | 박은진 옮김 | 72쪽

나의 첫 번째 바다 생물 이야기

산초초부터 거대한 고래까지 바다에서 사는 생물들을 자세히 알아보고 생생한 사진과 설명을 통해 해양동물에 대한 호기심을 키운다.

진저 L. 클라크 지음 | 박은진 옮김 | 72쪽

나의 첫 번째 공룡 이야기

아주 먼 옛날 지구의 주인이었던 공룡들의 멋진 모습과 신기하고 재미있는 그들의 모습을 친근감 있는 일러스트와 함께 만나본다.

에린 워터스 지음 | 아날리사 · 마리나 두란테 그림 | 박은진 옮김 | 72쪽